# CREANDO TU PROPIO EMOJI

Alfonso Arredondo Ocampo

# INTRODUCCIÓN

Los emojis se han vuelto parte de nuestro día a día, es una manera de expresar nuestro sentir del momento y están presentes todo el tiempo, sobre todo si gustas de las redes sociales y del entretenimiento. Pero también se ha vuelto un método de publicidad muy poderoso, y es esta parte donde podemos sacarle provecho para atraer la atención de las personas.

En este pequeño libro te enseñaré a realizar de una manera muy sencilla tus propios emojis, los cuales a diferencia de las apps que te dan herramientas para que hagas combinaciones infinitas, no dejan de ser limitadas. Con el método que te muestro tú puedes hacer lo que se te venga en gana, utilizando tus propias fotos, tus logotipos, tu marca. Puedes tomar imágenes de google que te gustan y editarlas a tu antojo en tu emoji. El límite será tu imaginación.

# BUSCANDO EN LA WEB TUS EMOJIS FAVORITOS

Dirígete a tu navegador y busca imágenes de tus emogis favoritos, de prendas, instrumentos musicales, gorras, sombreros, o lo que tu imaginación de dicte, o si ya tienes en mente el resultado que quieres obtener.

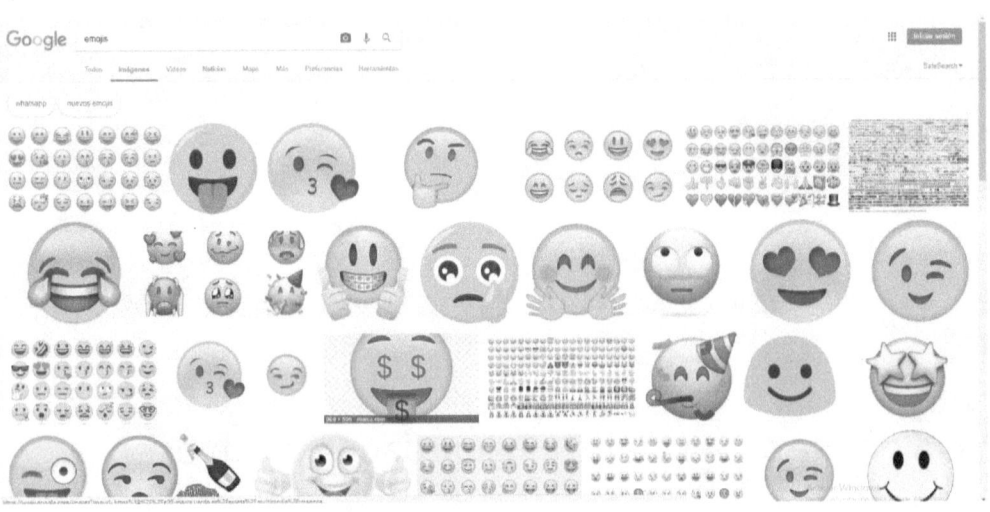

# A EDITAR SE HA DICHO

Abre sony vegas, dirígete a archivo-importar-medios:

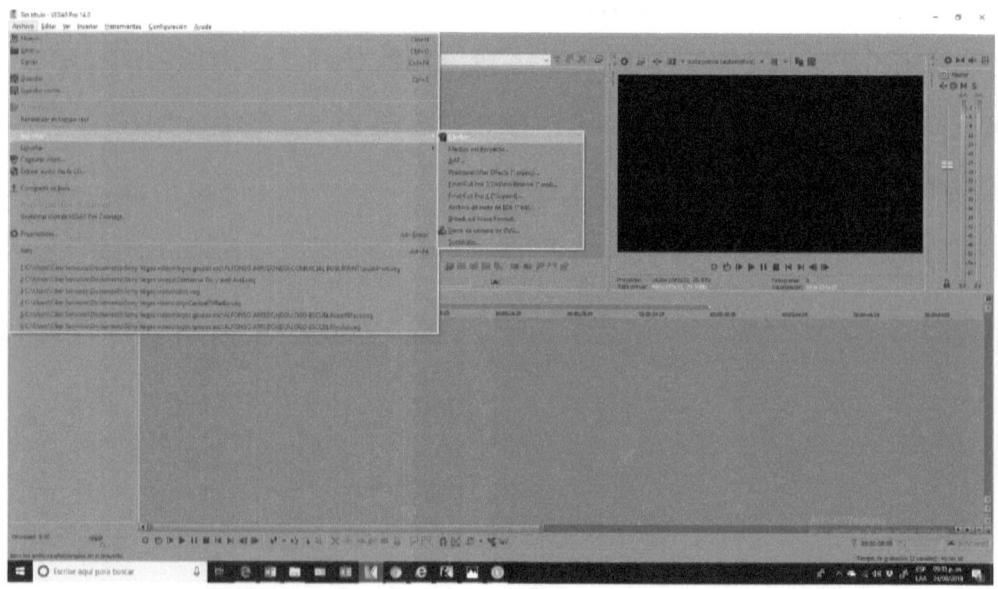

Ve a donde se encuentran guardadas tus imágenes, selecciónalas y dale Abrir

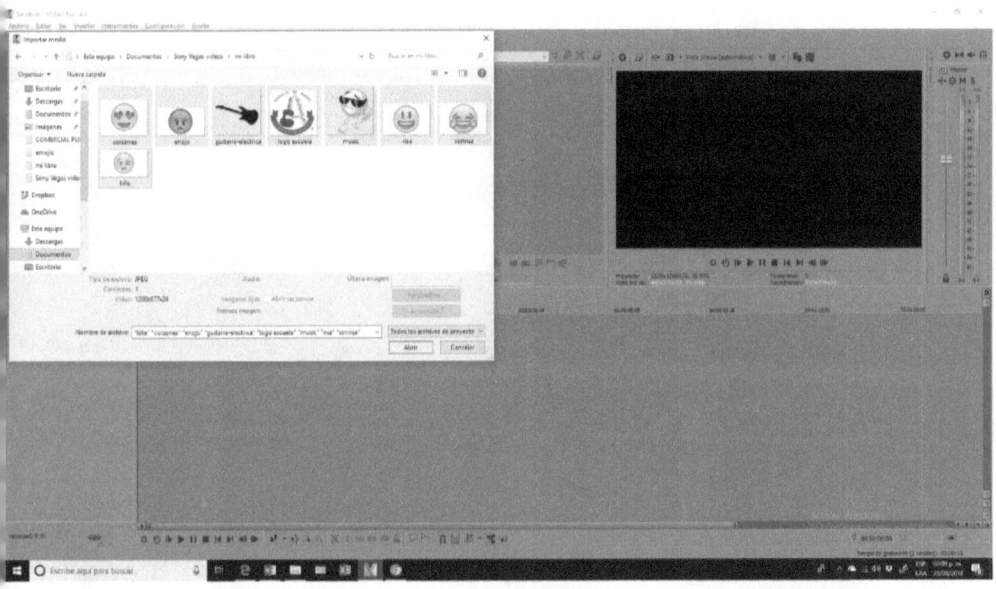

En la pestaña "medios de proyecto" aparecerán tus imágenes listas para trabajar con ellas.

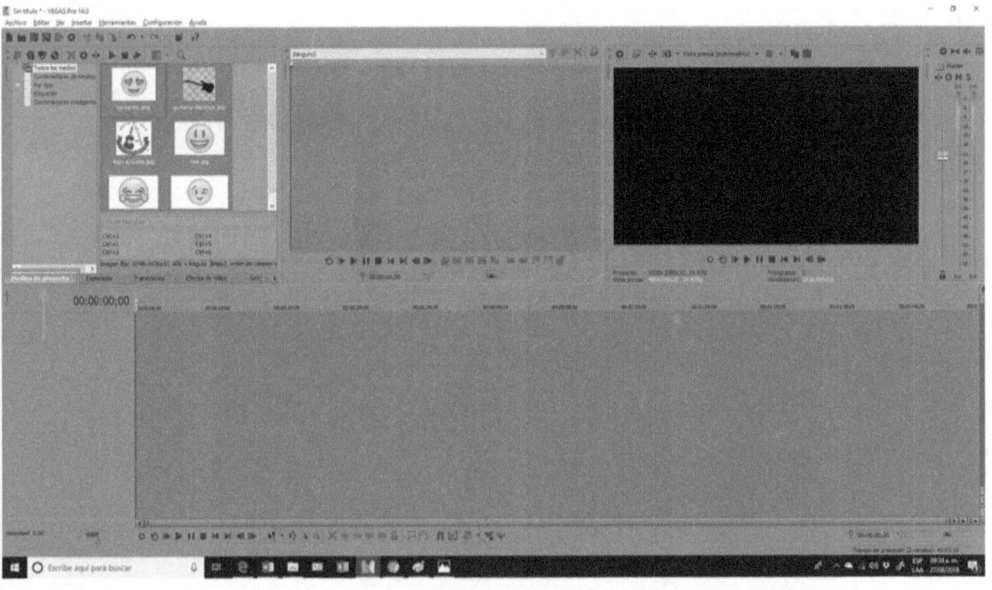

Selecciona una imagen, sostén click y arrastrala a tu área de trabajo.

Da click en la opción "Panoramización/Recorte de evento" que se encuentra dentro de la imagen miniatura :.

Se abrirá la siguiente pantalla.

Elige la siguiente opción de esta manera:

Cierra la ventana. Ahora verás la imagen en pantalla completa en la parte superior izquierda.

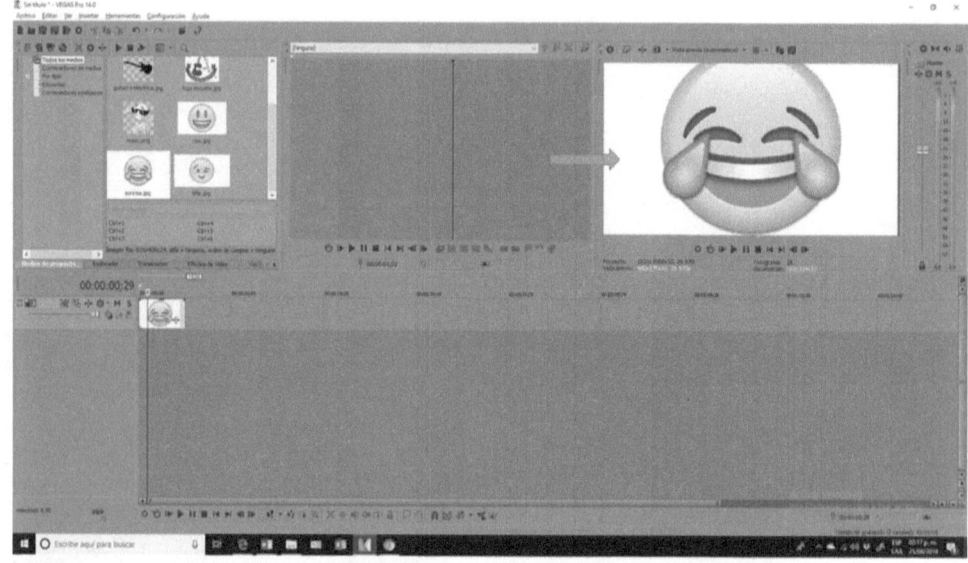

Damos click derecho sobre la barrita azul que se encuentra al lado de la imagen en miniatura para agregar una línea de trabajo por encima de la que tenemos. Seleccionamos "Insertar pista de video

El resultado será el siguiente:

Selecciona la imagen de prenda o accesorio que quieres ponerle arrastrándola de la misma manera que la primer imagen.

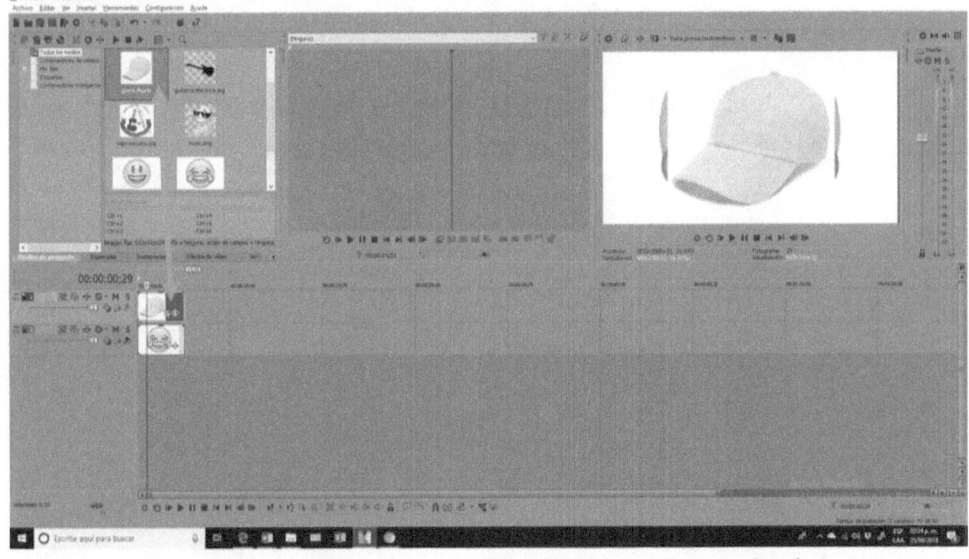

Como te darás cuenta quedó por encima de la primera, con esto debes saber que entre más arriba esté, más al frente queda una Imagen.

Ahora vamos a recortar la gorra para eliminar en resto de la imagen (fondo )

Para esto, al igual que en la primera imagen nos dirigimos a "Panoramización/Recorte de evento" que se encuentra dentro de la imagen miniatura :

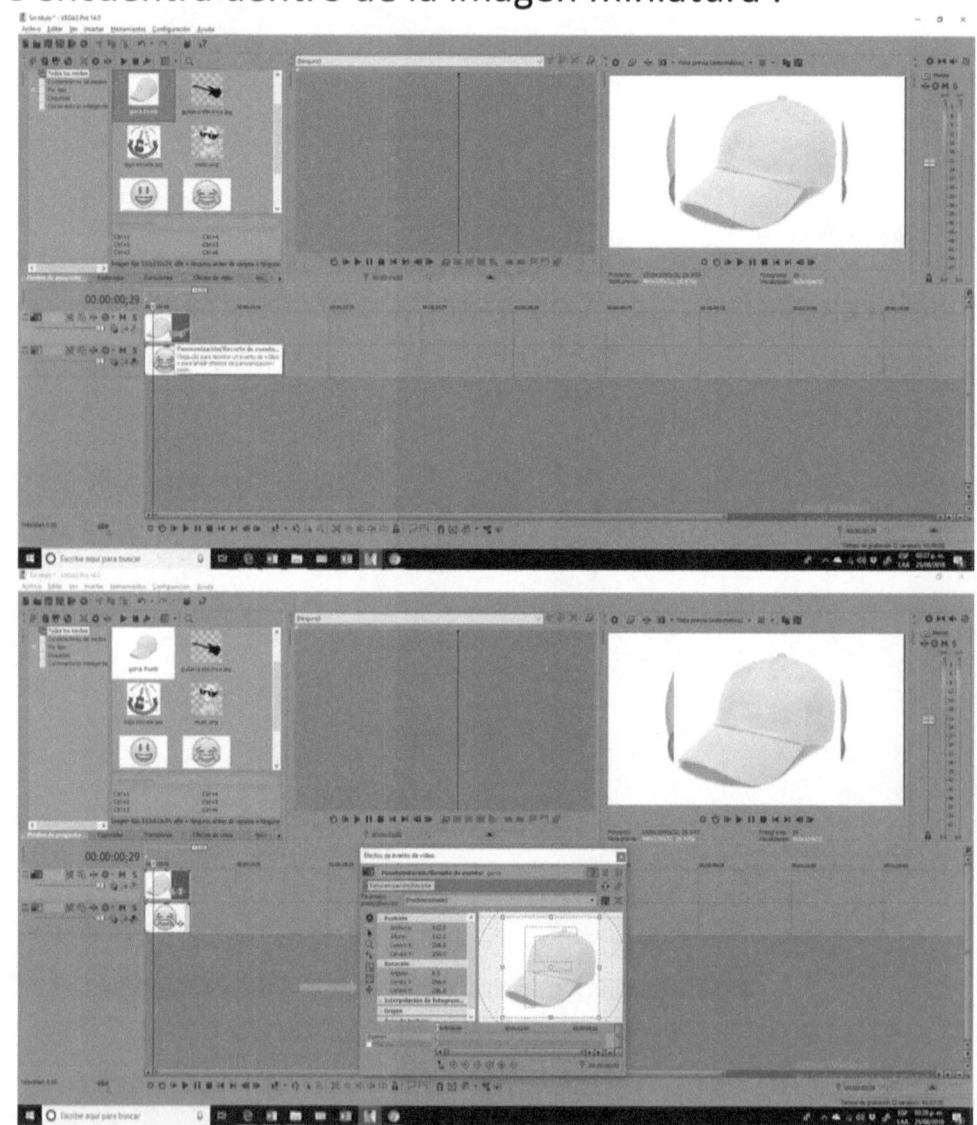

Habilitamos la opción de "Máscara"

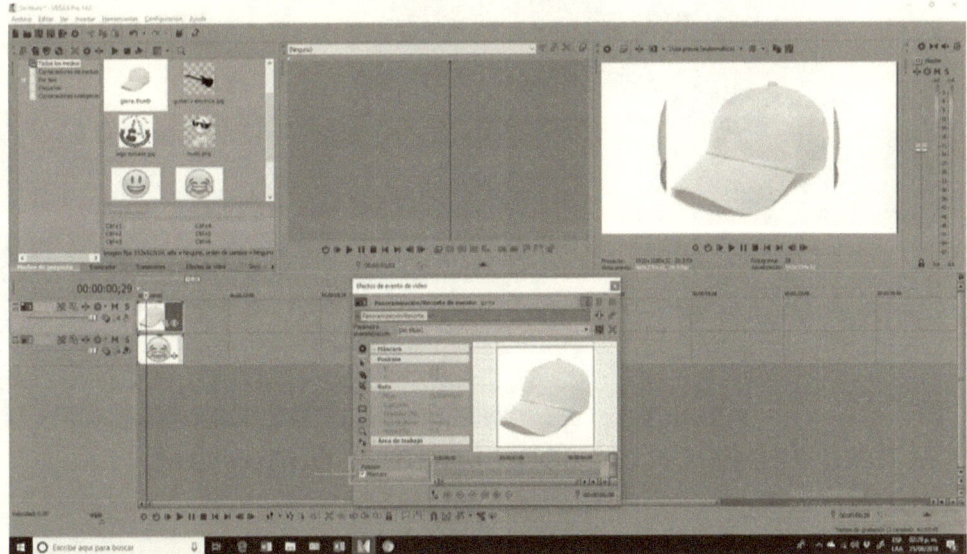

Comenzamos a marcar con puntos (dando clicks) la gorra, como si la estuviéramos calcando:

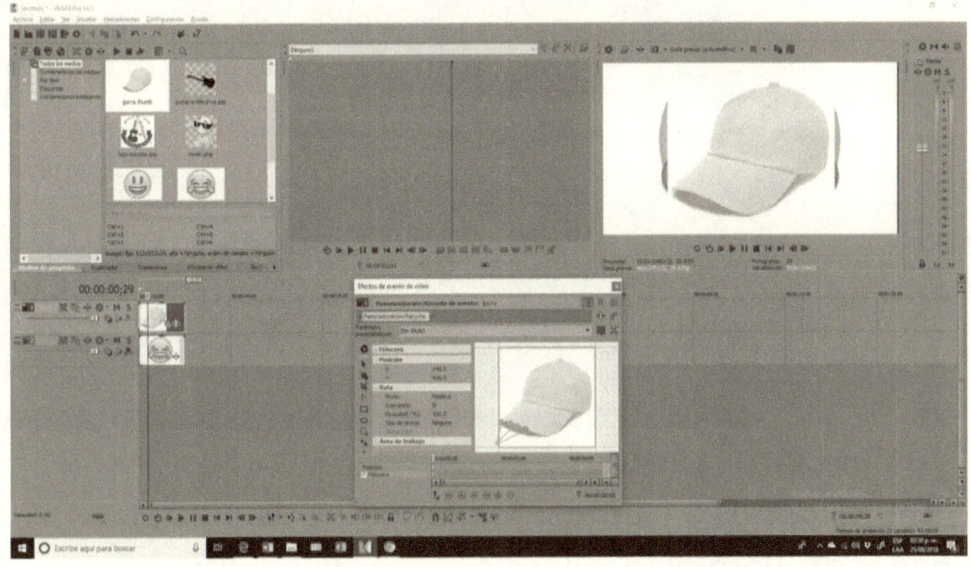

Al final debes cerrar con el primer punto que pusiste:

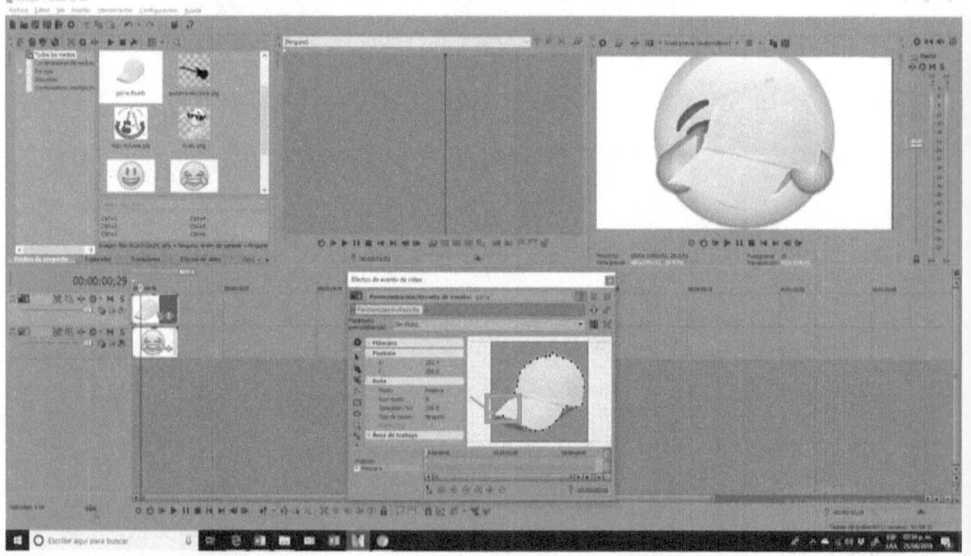

Le das cerrar y listo

Ahora vamos a cambiar los tamaños de ambas imágenes. Para esto seleccionamos la barrita del emoji:

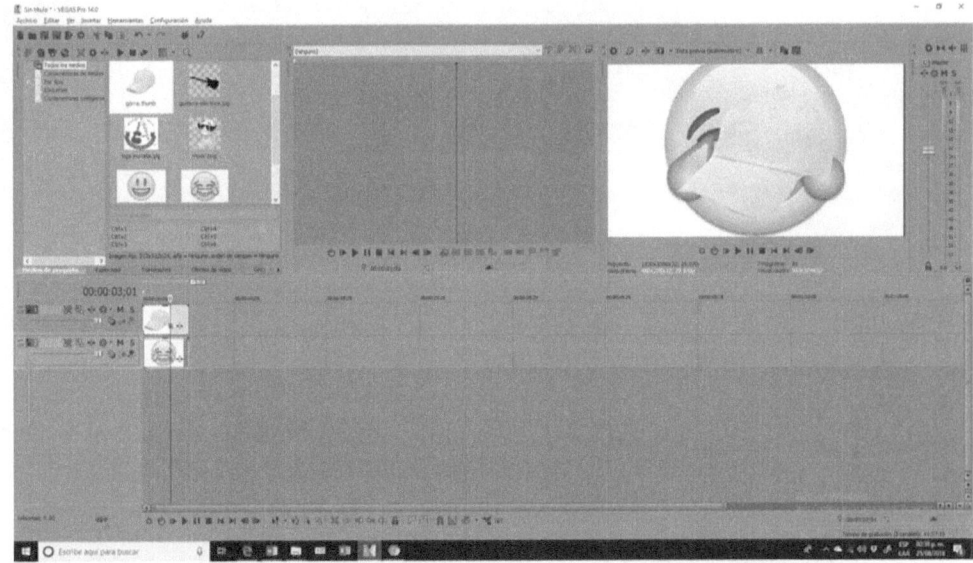

Le damos clich en la opción de "Movimiento de pista":

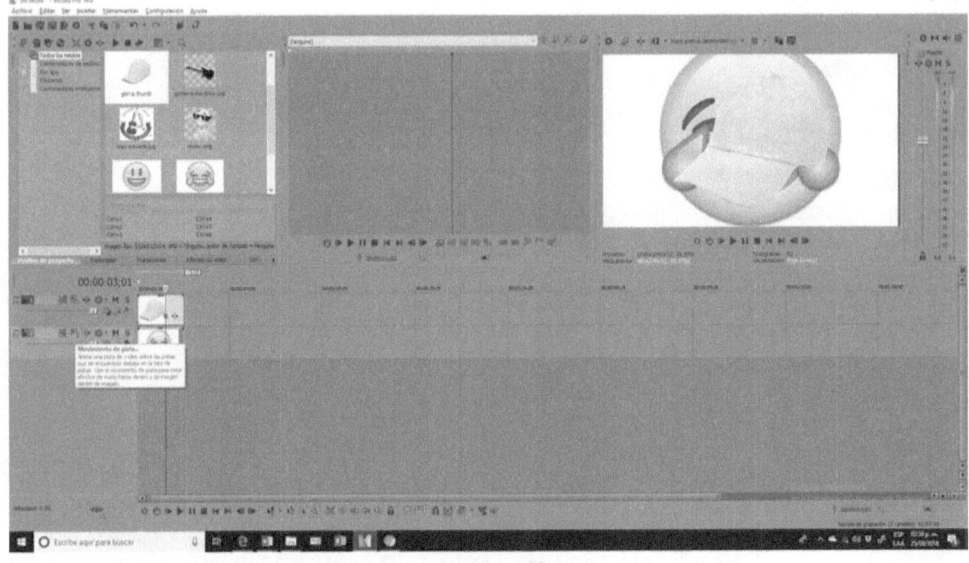

Te arrojará la siguiente pantalla

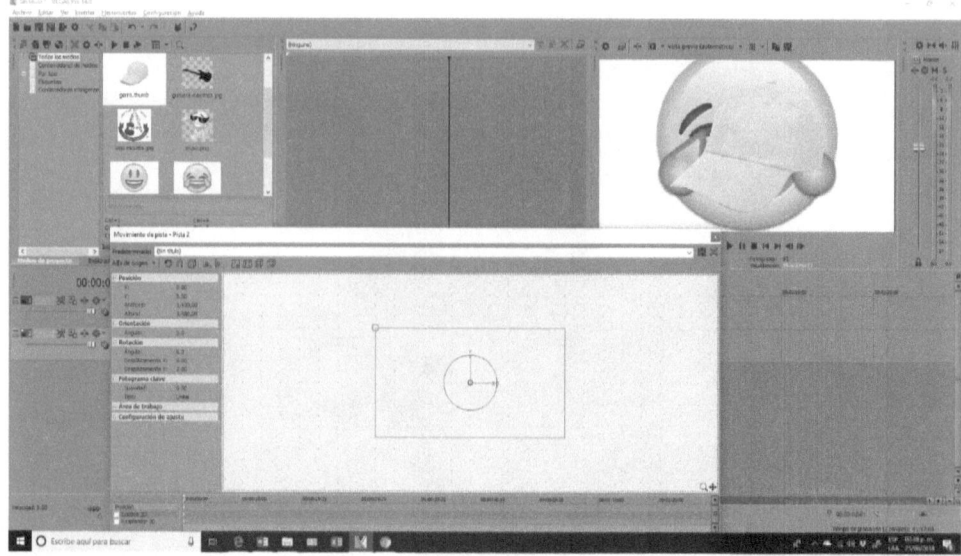

En una esquina del rectángulo arrastra y dale el tamaño que más te convenga y mueve la ubicación de la imagen sosteniendo click izquierdo en el centro del rectángulo:

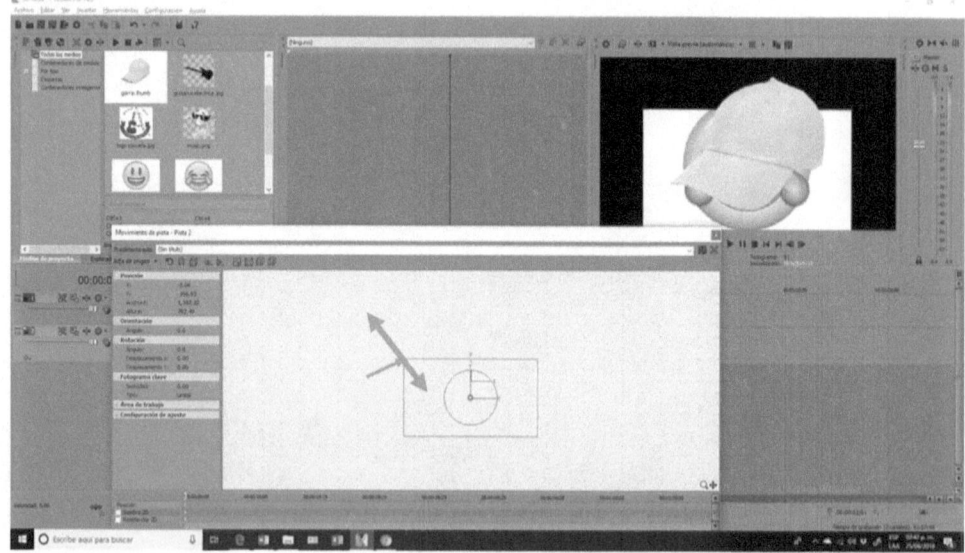

Cierra la ventana y haz lo mismo con la otra imagen, ajustando el tamaño y la posición deseada:

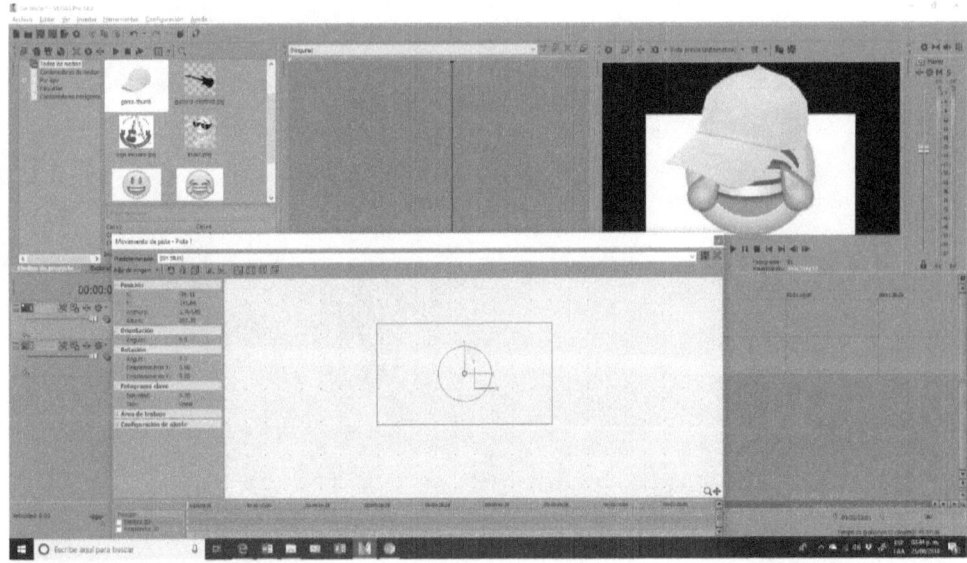

Cierra la ventana.

Ahora vamos a ponerle un fondo blanco para eliminar el fondo negro de imagen. Para esto nos dirigimos a la pestaña de generador de medios:

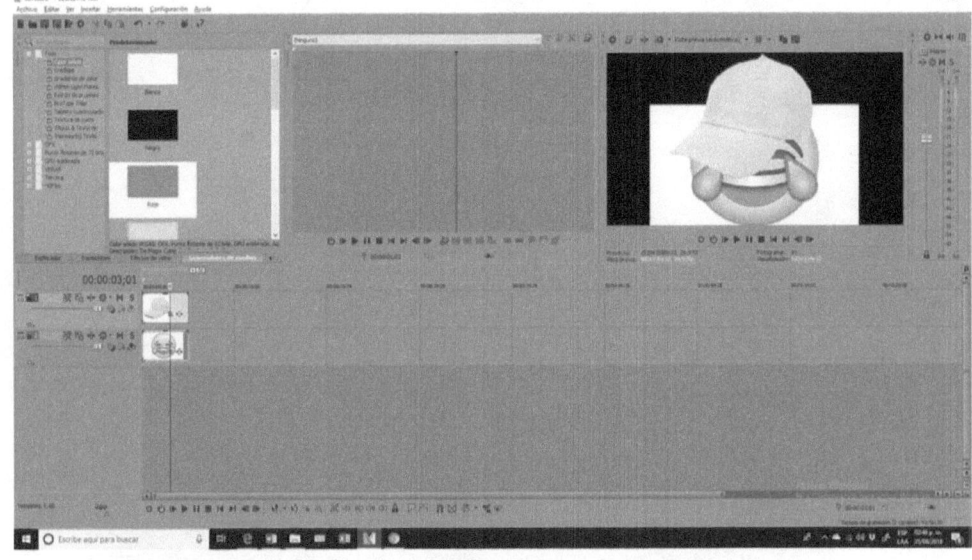

Seleccionamos el fondo blanco y lo arrastramos debajo de nuestra última imagen:

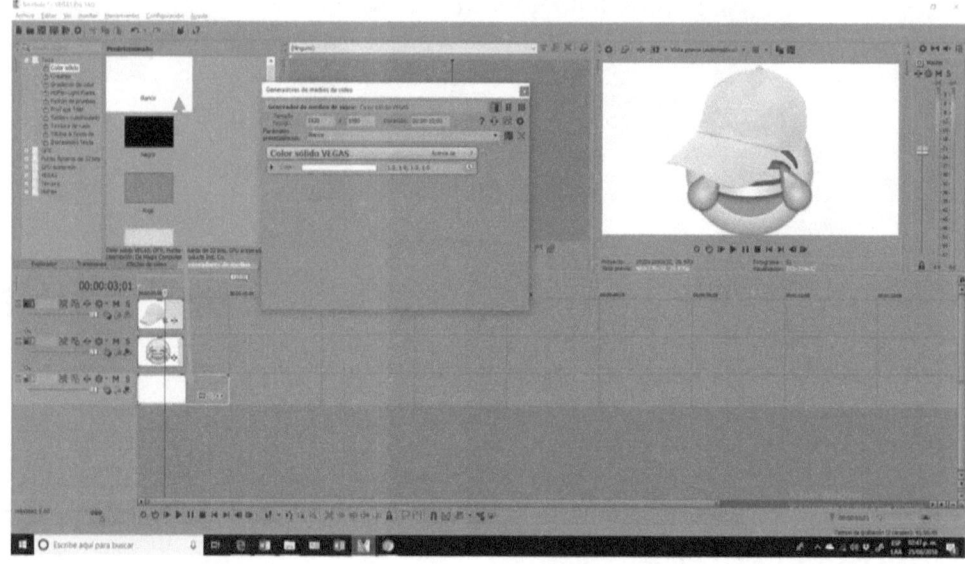

Ahora es momento de hacer publicidad. Inserta hasta arriba con click derecho una línea de trabajo "Insertar pista de video" (en mi caso arriba de la gorra):

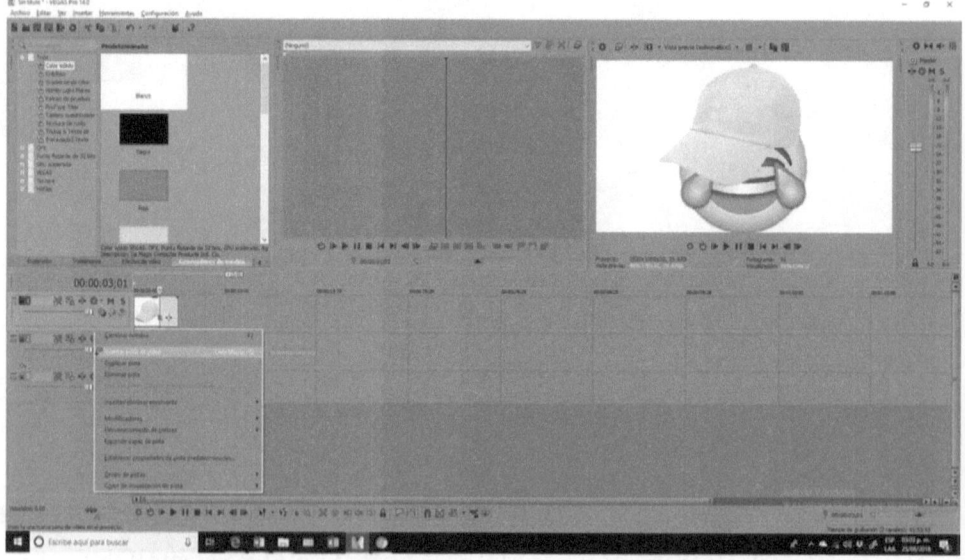

Desde medios de proyectos arrastra tu logotipo:

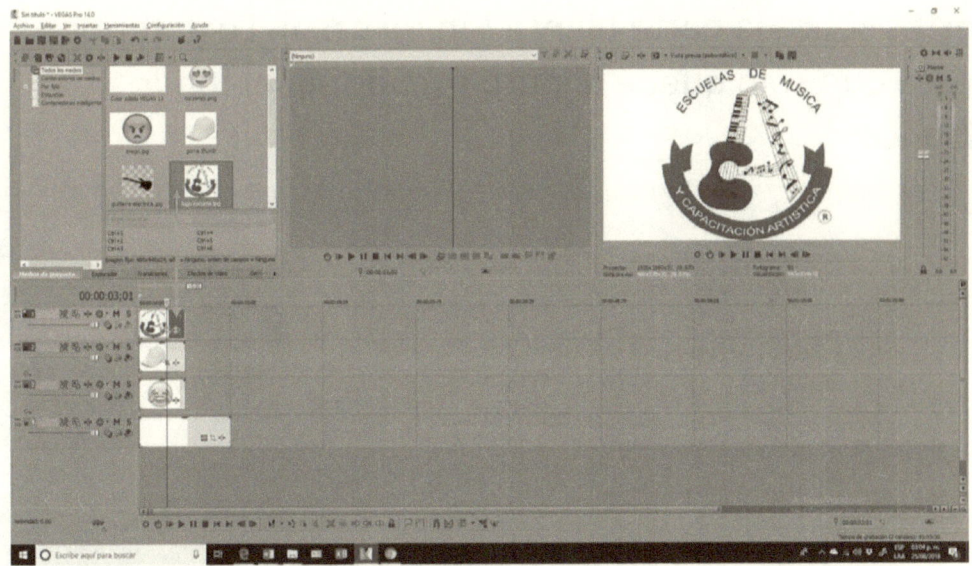

Como te diste cuenta quedó encima de todo, por lo que aplicaremos lo siguiente:

Dirígete a la pestaña de efectos de videos y posiciónate en la opción "clave cromática" y selecciona la imagen que dice "pantalla verde":

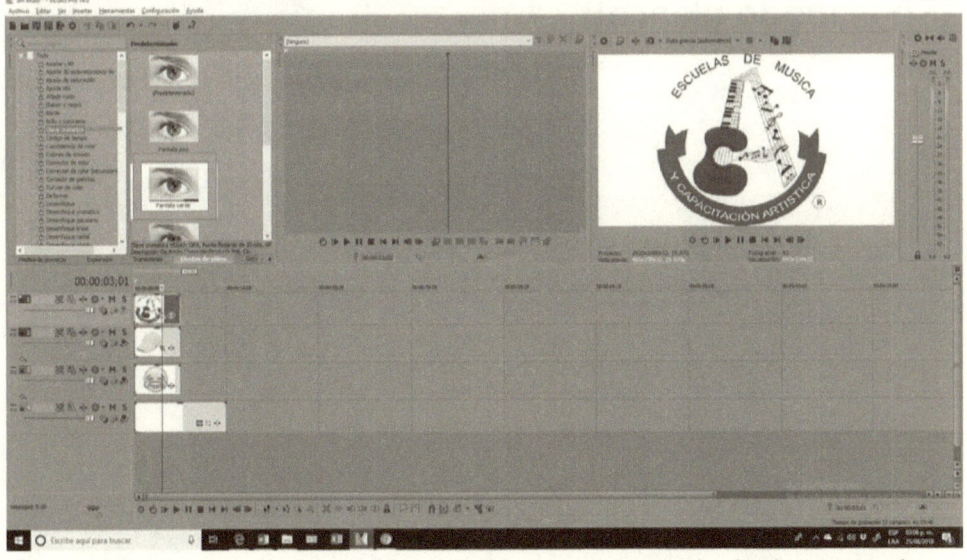

Arrastra esa imagen a la tuya y suelta el click cuando

estés sobre la parte blanca (en mi caso). Lo anterior es para que sólo quede el puro escudo sin el fondo blanco:

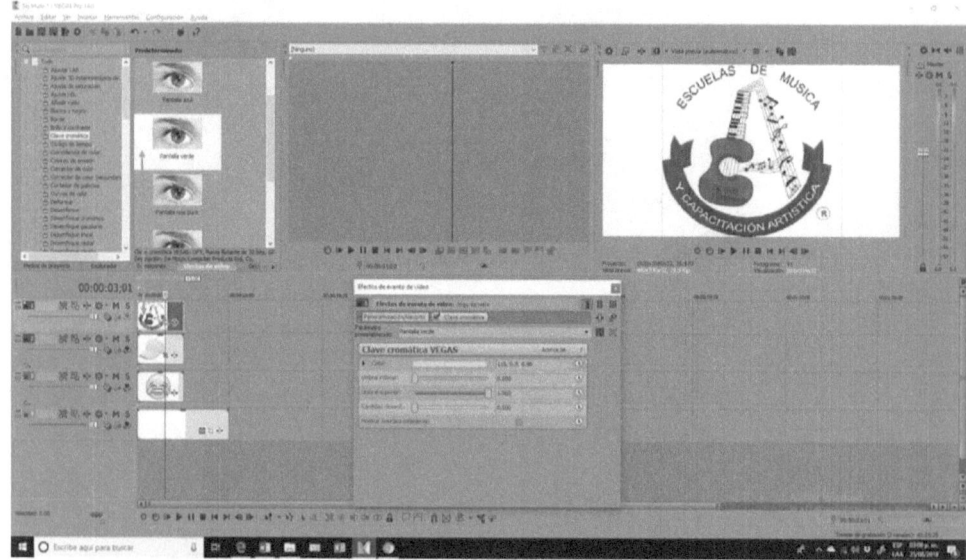

En donde se encuentra el color verde damos click y seleccionamos el color que queremos quitar (en mi caso el fondo blanco):

Como podrás observar ya se ve sólo el escudo y detrás de él la gorra y emoji. Cerramos la ventana y es hora de cambiarle el tamaño al logotipo y acomodarlo justo al centro de la gorra. Para esto nos dirigimos a la barrita azul sombreada correspondiente al logotipo y damos click en "movimiento de pista" De nuevo nos encontramos con la siguiente pantalla:

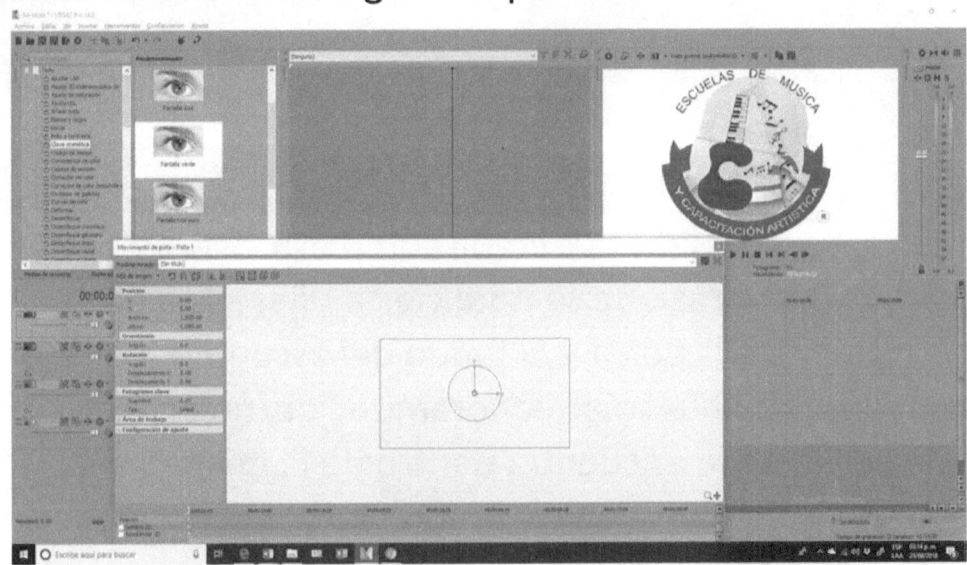

Al igual que las dos anteriores imágenes, le cambiamos el tamaño y arrastramos al lugar deseado:

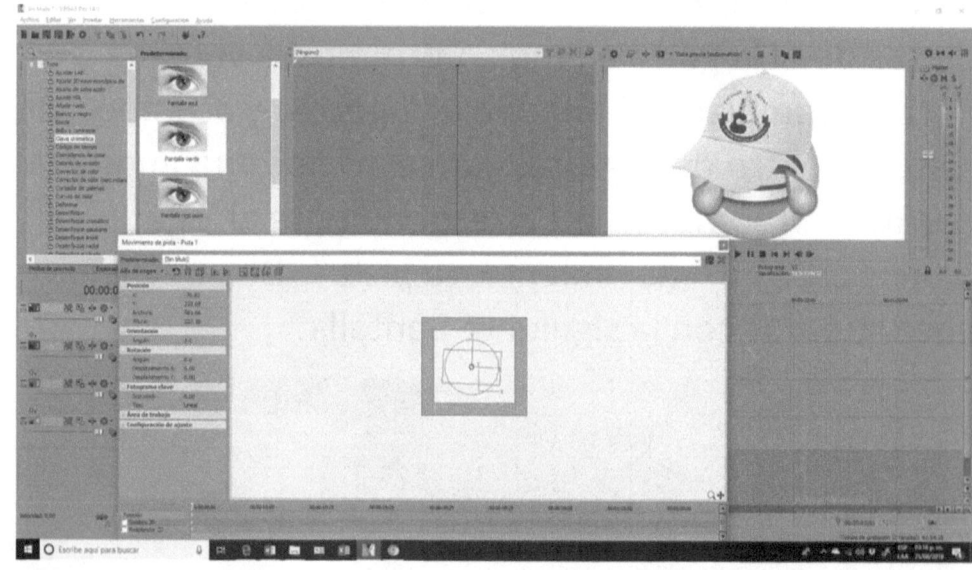

Listo, ya casi tienes tu emoji completo. Si eres observador verás que se nota cierta diferencia de blancos entre la gorra y el fondo del escudo. Para esto nos vamos de nuevo a "panoramización/recorte de evento" (que se encuentra dentro de la imagen del escudo) y jugamos con el "umbral inferior" hasta que notemos que desaparece por completo el fondo blanco del logotipo o escudo:

Cerramos y listo. Ya tenemos un emoji promoviendo nuestra marca:

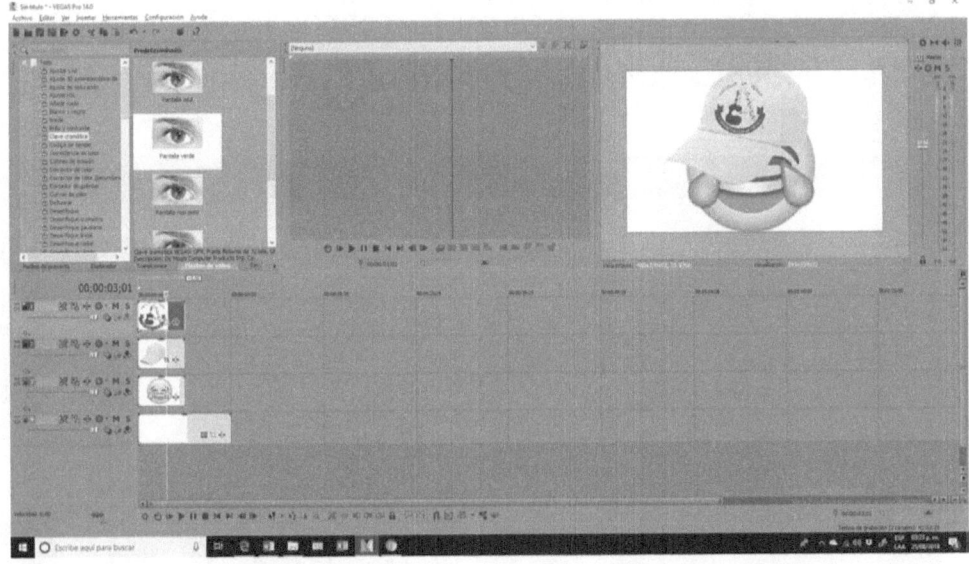

Solo falta el paso final. Sí, guardarla con un formato de imagen. Para esto nos dirigimos a la parte superior derecha de la pantalla y damos click en la figura que simula un disquete, le damos click y nos envía a guardar la imagen:

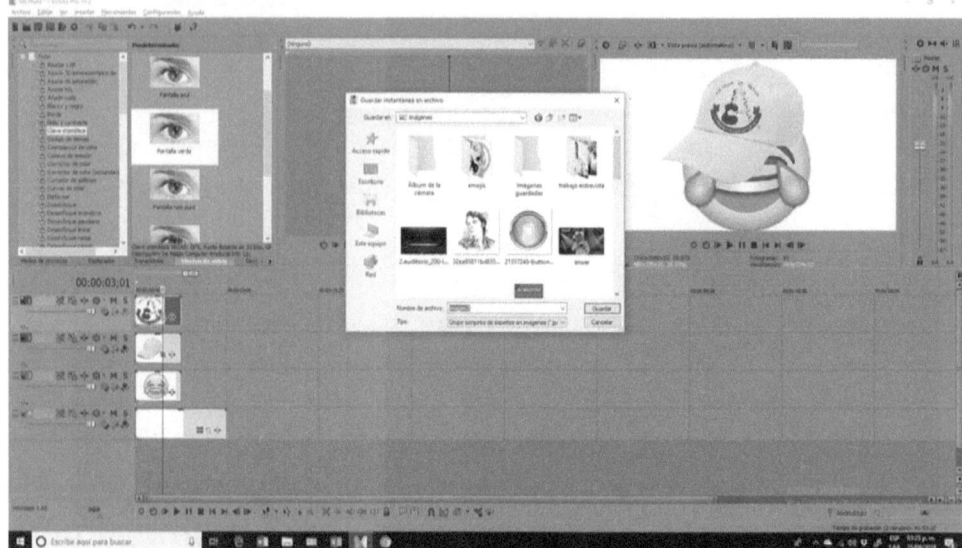

Elegimos la ubicación donde queremos guardarla y por defaul nos la guardará en formato "jpg"

Y bien, Felicidades, has terminado con éxito tu primer emoji:

Recuerda que con estos sencillos pasos y con algo

de imaginación puedes crear lo que tú quieras.

En este programa editan sus videos, la mayoría de los aficionados youtubers, y como te darás cuenta no se limita a audio y video, también puedes editar imágenes de una manera muy sencilla y sin programas de edición de imagen.

ÉXITO!!!

www.ingramcontent.com/pod-product-compliance
Lightning Source LLC
Chambersburg PA
CBHW031522210526
45464CB00007B/3009

DESCARGA: SONY VEGAS PRO.

Como primer paso debes de descargar un programa, el cual es muy fácil de utilizar, de hecho con este libro prácticamente tendrías las herramientas necesarias para poder realizar otro tipo de ediciones como videos y audios. No se necesita saber demasiado para poder usarlo, verás que es muy sencillo.

Si tu computadora es de 64 bits descarga sony vegas pro 14 y si es de 32 puedes descargar sony vegas pro 13.

Es muy sencillo. Dado que nos enfocaremos a la creación de emojis, puedes consultar un video en youtube que te guíe. Te aconsejo el siguiente, quien te dice cómo hacerlo y no lleva más de 3 minutos.

https://www.youtube.com/watch?v=W9UIfBpnDfU